Aligned Creations

A Porsha Deun LLC Brand
www.porshadeun.com

www.ingramcontent.com/pod-product-compliance
Lightning Source LLC
Chambersburg PA
CBHW051703160426
43209CB00004B/1001
9781737375357